서로 다른
우리가 좋아

글 김경화

성균관대학교 아동학과를 졸업한 뒤 한국예술종합학교 영상원에서 영화 연출을 공부했습니다. 《레디, 액션! 우리 같이 영화 찍자》로 제11회 창비 '좋은 어린이책' 기획 부문 대상을 받았고, 그 외에도 《햇빛과 바람이 정겨운 집, 우리 한옥》 《왕자가 태어나던 날 궁궐 사람들은 무얼 했을까》 《달력은 어떻게 만들어졌을까?》 등을 썼습니다.

그림 권송이

상상력을 마음껏 발휘하여 어린이 책에 그림을 그리고 있습니다. 그림으로 소통할 수 있는 다양한 방법을 연구할 때가 가장 즐겁다고 합니다. 그린 책으로는 《부글부글 화가 나》 《어린이를 위한 도전》 《나 먼저 할래》 《떴다! 지식 탐험대》 《초록 깃발》 《12개의 황금열쇠》 《밥상에 우리말이 가득하네》 《마더 테레사 아줌마네 동물 병원》 《나도 학교에 가요》 《지렁이를 먹겠다고?》 《뻐순이의 일기》 《너랑 절대로 친구 안 해!》 《말이 통하는 아이》 등이 있습니다.

이 책에 대한 설명

우리 사회에는 크고 작은 차별이 존재합니다. 많은 사람들이 성별, 나이, 재산, 학력, 인종, 종교, 생각 등이 '다르다'는 이유로 불이익을 당하지요. 어른들뿐만 아니라 어린이들도 이런 차별을 경험합니다.
이 책은 가정과 학교 등에서 어린이들이 쉽게 맞닥뜨리는 차별의 사례들을 담고 있습니다. 쌍둥이 남매 영우와 시우는 때로는 차별을 당하기도 하고, 차별을 하기도 하지요. 이들은 서로의 생각을 나누며 차별이 왜 나쁜지 스스로 질문하고 해답을 찾게 됩니다. 이 책을 읽는 어린이들도 차이가 만들어 내는 다양성의 가치를 깨닫고, 차별에 맞서 바른 목소리를 낼 수 있는 사람으로 자라기를 바랍니다.

스콜라 꼬마지식인 15

서로 다른 우리가 좋아

김경화 글 | 권송이 그림

위즈덤하우스

우리는 쌍둥이야

우리는 쌍둥이야.
우리가 쌍둥이라고 하면 친구들은 깜짝 놀라 이렇게 묻고는 해.
"너희 진짜 쌍둥이야?"
"쌍둥이라면서 왜 그렇게 달라?"
외모, 성격, 취미, 잘하는 것, 못하는 것 모두 다른 우리를
친구들은 의아하게 생각하지.
쌍둥이가 서로 다른 게 그렇게 이상해?

난 영우.
내가 누나야.

 나도 의견이 있어요!

"이거 내가 먹는다."
시우가 내 책상 위에 놓여 있던 과자를 덥석 집으며 말했어.
"야, 그거 내가 나중에 먹으려고 아껴 둔 거야."
난 시우 손에서 과자를 빼앗으며 소리쳤어.
"에이, 누나! 같이 나눠 먹자."
"얄밉게 꼭 이럴 때만 누나냐? 넌 많이 먹었잖아."
시우는 아쉬운 게 있을 때만 날 누나라고 불러.
"다 큰 애들이 과자 갖고 싸우니? 누나가 양보해야지!"
난 겨우 10분 누나일 뿐인데, 왜 맨날 나만 양보해야 해?
이럴 땐 정말 누나라는 게 싫어.
차라리 내가 동생이었으면 좋겠어.

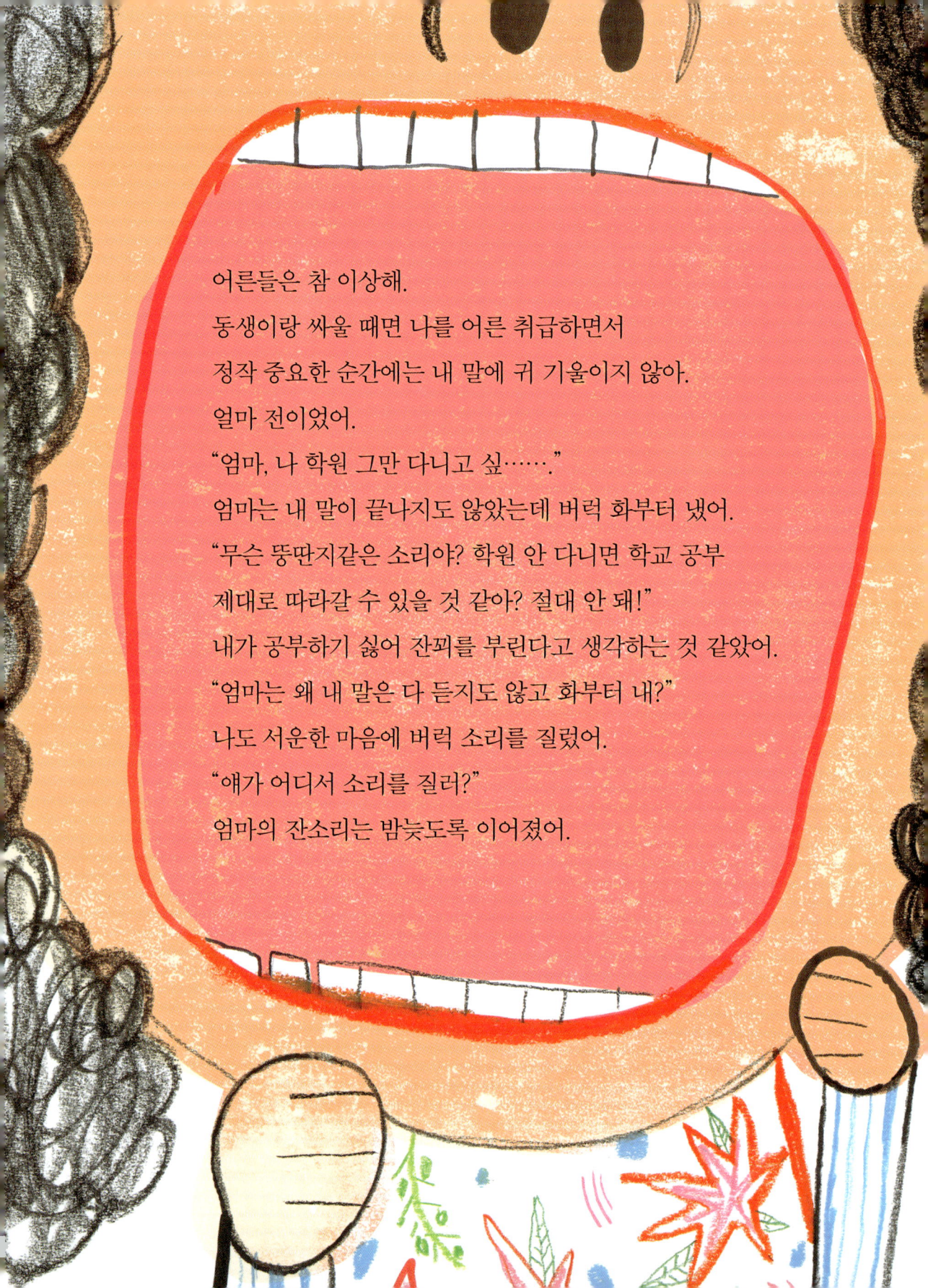

어른들은 참 이상해.
동생이랑 싸울 때면 나를 어른 취급하면서
정작 중요한 순간에는 내 말에 귀 기울이지 않아.
얼마 전이었어.
"엄마, 나 학원 그만 다니고 싶……."
엄마는 내 말이 끝나지도 않았는데 버럭 화부터 냈어.
"무슨 뚱딴지같은 소리야? 학원 안 다니면 학교 공부
제대로 따라갈 수 있을 것 같아? 절대 안 돼!"
내가 공부하기 싫어 잔꾀를 부린다고 생각하는 것 같았어.
"엄마는 왜 내 말은 다 듣지도 않고 화부터 내?"
나도 서운한 마음에 버럭 소리를 질렀어.
"얘가 어디서 소리를 질러?"
엄마의 잔소리는 밤늦도록 이어졌어.

사실 엄마에게 하고 싶은 이야기가 많았어.
'학교보다 진도를 빨리 나가니까 학원 공부는 벅차고,
학교 수업은 시시하게 느껴져요.'
'실험도 마음껏 하고 과학 원리도 배울 수 있는
과학 교실에 다니고 싶어요.'
나는 공부하기 싫은 게 아니라
내가 더 좋아하는 걸 배우고 싶었어.
하지만 나는 여전히 학원에 다니고 있어.
엄마는 내가 어떤 생각을 하는지,
무엇을 하고 싶은지 관심이 없는 것 같아.
엄마는 언제쯤 내 의견에 귀를 기울여 줄까?

영우의 생각 쪽지

어른들 얘기하는 데 끼어들지 마!
난 이런 말들이 정말 싫어.
오늘도 누나라는 이유로 나만 혼났어.
어리다고 내 말에는 귀 기울여 주지도 않으면서
나이가 뭐가 그리 중요해.

시우의 생각 쪽지

아쉬울 때만 누나라고 부른 거
사과할게.
하지만 난 네가 함께여서 참 좋아.
나이에 상관없이 모두 예의를
갖추고 서로의 목소리에
귀를 기울인다면 얼마나 좋을까.
너무 속상해하지 마. 엄마도 곧
네 마음을 알아주실 거야.

한 번만 봐준다.

분홍색이 어때서!

내가 교실로 들어서자 친구들이 웃음을 터뜨렸어.
"우하하, 시우 옷 좀 봐. 분홍색이야, 분홍색!"
"야, 남자가 창피하게 여자 색깔 옷을 입냐?"
내 얼굴은 시뻘겋게 달아올랐어.
'남자는 분홍색 옷 입으면 안 되냐?'
나는 마음속으로 당당히 외쳤지만
이 말은 끝내 입 밖으로 나오지 못했어.
'하하하, 남자가 분홍색 점퍼가 뭐냐?
너 그거 입고 학교 가면 친구들한테 놀림당할걸.'
아침에 누나가 놀리던 말도 떠올랐어.
나는 조용히 점퍼를 벗어 가방 속 깊숙이 밀어 넣었어.
수업이 끝나고 집으로 돌아올 때도 점퍼를 꺼내 입지 않았어.
쌀쌀한 날씨에 자꾸 몸이 움츠러졌지만
'남자답게' 어깨를 쫙 펴고 걸었지.
'모두 보라고, 내가 어디가 여자 같아?'

집에 오자마자 나는 분홍색 점퍼를 꺼내 바닥에 내던졌어.
"이제 이 옷 안 입어."
엄마가 꾸깃꾸깃 구겨진 점퍼를 주워 들며 말했어.
"좋다고 입을 때는 언제고 왜 그래?"
"애들이 여자 옷 입었다고 놀렸어."
"시우야, 세상에는 수많은 색깔들이 있어.
그 색깔들을 남자 색 여자 색으로 나눌 수 있을까?"
나는 고개를 저었어.
"분홍색은 네가 좋아하는 색깔이잖아. 그럼 친구들한테
당당하게 말해. 여자 색깔, 남자 색깔 따로 있는 게 아니라고."
나도 엄마 말이 옳다고 생각해.
하지만 여자 같다는 놀림을 당하기는 싫어.

방에 들어오니 책상 위에 분홍색 수첩이 놓여 있었어.
오래 전부터 갖고 싶었던 누나의 수첩이었어.
'시우야, 이 분홍색 수첩 너한테 줄게.
네가 좋아하고, 너한테 어울리는 색깔이니까.
아침에 놀린 거 미안해.'
나는 수첩에 내 이름을 써넣었어. 분홍색 종이 위에
또박또박 씌어진 내 이름이 왠지 근사해 보였어.
'역시 나한테는 분홍색이 잘 어울리는 것 같아.'

시우 생각쪽지

난 분홍색이 좋아.
하지만 그걸로 놀림을 당하긴 싫어.
남자는 울면 안 돼!
쯧쯧, 여자가 얌전해야지.
남자가 그런 일을 해?
그건 여자가 할 일이야.
이런 말들이 사라졌으면 좋겠어.
여자와 남자는 하는 일도
좋아하는 것도 따로 정해져 있는 거야?

영우 생각쪽지

실은 오늘 학교에서 널 보고 나도
웃음이 나왔어. 미안······.
남자와 여자는 몸의 구조도 특징도 달라.
하지만 이런 차이로 각각의 능력과
역할이 정해지는 건 아니야.
봐봐, 요즘은 이렇게 남자와 여자가
어깨를 나란히 살아가잖아.
남자와 여자 모두 즐거운 세상에서
더 많은 꿈들이 이루어질 거야.

 "쑤어 쓰다이! 안녕!"

"지금 학교 끝났어요?
하굣길에 예쁜 아줌마가 우리를 보고 반갑게 손을 흔들며
다가왔어.
"누구지? 저 아줌마 우리나라 사람 아닌가 봐.
생김새도 말하는 것도 이상해."
순간 지아의 얼굴이 굳어졌어.
"지아 친구들이에요?"
지아 엄마였어. 나는 공손하게 인사를 했어.
"안녕하세요."

지아 엄마는 두 손을 모으고
고개를 숙이며 인사를 건넸어.
나는 그 인사법이 무척 마음에 들었어.
그런데 지아는 무슨 잘못이라도
한 것처럼 고개를 들지 못했어.
"지아야, 너네 엄마 참 예쁘시다."
그제야 지아의 얼굴이 환해졌어.
나는 엄마의 손을 잡고 집으로 돌아가는
지아의 뒷모습을 한참 동안 바라보았어.

곧 지아 엄마가 캄보디아 사람이라는 게 반 전체에 알려졌고, 지아를 멀리하는 친구들이 하나둘 생기기 시작했어.
"야, 다문화!"
'다문화'는 다양한 문화를 인정하고 존중한다는 뜻인데, 아이들은 지아를 놀리는 말로 사용했어.
"영우랑 지아랑 닮지 않았냐? 혹시 영우도 다문화 아냐?"
아이들이 나까지 '다문화'라고 놀려 대자 지아와 가까이 지내는 게 불편해졌어. 미안했지만 나도 지아를 멀리하게 되었어.

미술 시간, 우리는 부모님 얼굴을 그렸어.
"지아네 엄마 옷 좀 봐, 무슨 옷이 저러냐?"
준서의 말에 아이들이 웃음을 터뜨렸어.
지아의 얼굴이 빨갛게 달아올랐어.
"이건 우리나라 한복 같은 캄보디아의
전통 의상이야. 넌 그런 것도 모르냐?"
나는 준서에게 한마디 했어. 지아가
고개를 돌려 나를 보았고, 우리는
오랜만에 마주 보며 웃었어.
"지아 엄마 정말 미인이시네."
선생님의 칭찬에 움츠려 있던
지아의 어깨가 쫙 펴졌어.

어버이날이 되자 우리는 아주 특별한 수업을 듣게 되었어.
오늘의 선생님은 지아 엄마야. 지아 엄마는 예쁜 캄보디아
전통 의상을 입고 학교에 오셨어. 그리고 우리에게 캄보디아라는
나라를 소개해 주셨지. 우리 모두 지아 엄마의 이야기에 흠뻑
빠져들었어. 난 지아를 힐끗 보았어.
엄마를 바라보는 지아의 얼굴이 환하게 빛나고 있었어.

영우의 생각 쪽지

생김새가 다르다고
쓰는 말이 다르다고
태어난 나라가 다르다고
함부로 다른 사람들을 무시하거나
차별하지 않았으면 좋겠어.

시우의 생각 쪽지

학교에서 지아 엄마의 멋진 모습에 깜짝 놀랐어.
많은 사람들이 자기 인종, 민족이 최고라고
생각하는 것 같아. 그래서 나와 다른 사람들을
괴롭히고 끔찍한 전쟁을 일으키기도 하지.
모두 똑같은 사람이라는 걸 깨달았으면 좋겠어.

모두 같이 놀자!

체육 시간, 나는 유찬이와 함께 교실에 남았어.
다리가 부러지는 바람에 깁스를 하게 됐거든.
휠체어를 타고 학교에 다니는 유찬이는 이름보다 '바퀴맨'이라는
별명이 익숙한 친구야. 나는 유찬이와 별로 친하지 않아서
둘이 덩그러니 교실에 남아 있는 게 조금 어색했어.
"깁스하니까 힘들지?"
유찬이가 먼저 말을 걸었어.
"응, 너는 어때?"
나도 겸연쩍게 되물었지
"조금 힘들어. 하지만 어릴 때부터 휠체어를 타고 다녀서
지금은 익숙해졌어."
"너 체육 시간마다 무지 심심했겠다."
왠지 유찬이에게 미안한 마음이 들었어.
체육 시간이면 늘 혼자 교실을 지키던 유찬이, 나는 운동장에서
신나게 뛰어놀면서 한 번도 유찬이를 생각해 본 적 없었거든.

"너, 그거 알아? 교실에서 운동장을 내다보면
마치 영화를 보는 것 같아. 창틀 너머로 친구들이 뛰어노는 모습을
보면서 재미있는 상상을 하고 이야기도 만들 수 있거든."
유찬이가 말했어. 나는 유찬이와 함께 창밖을 내다보았어.
"선기는 햇살을 가르며 달리는 바람의 용사야."
"하하하, 유치해. 그럼 서진이는 무적의 골키퍼!"
유찬이가 이야기를 만들기 시작하자 신기하게도
창밖의 풍경이 덩달아 바뀌기 시작했어.
나와 유찬이는 축구를 하는 아이들의 모습을 보면서
온갖 재미있는 이야기를 만들어 냈어.
지루할 것만 같았던 체육 시간이 순식간에 지나갔어.

그 후로도 유찬이는 재미있는 놀이들을 가르쳐 주었어.
우리는 교실에서도, 운동장에서도, 길거리에서도 마음만 먹으면
숨은그림찾기, 틀린 곳 찾기 놀이를 만들어 낼 수 있었어.
이제 유찬이는 '바퀴맨'이라는 별명보다
'유찬'이라는 이름이 익숙한 나의 친구가 되었어.
유찬이가 얼마나 멋진 친구인지 알게 된 아이들도 늘어났어.
우리는 유찬이가 생각해 낸 많은 놀이들을 함께하게 되었어.

쟤는 몸을 제대로 움직일 수 없으니까 공부도 못 할 거야. 난 유찬이와 친구가 되기 전까지 이런 생각을 했어. 장애가 있으면 뭔가 나보다 한참 모자랄 것 같았거든. 하지만 유찬이를 통해 장애는 부끄러운 것도, 남에게 피해를 주는 것도 아니라는 걸 알게 되었어.

장애가 있으면 생활하기 어려울 거야. 우리가 이용하는 대부분의 시설들이 모두 장애가 없는 사람들을 기준으로 만들어졌으니까. 장애인 화장실, 저상버스, 경사로같이 장애인을 위한 시설들이 늘어나면 어떨까? 아마 장애인들도 저마다의 개성과 능력을 발휘할 수 있을 거야.

 **너도 1등, 나도 1등!**

"도진이랑 영우는 과학실 가서 실험 도구 좀 챙겨 오렴!"
내가 가장 좋아하는 과학 시간, 게다가 도진이와 함께
과학실 심부름이라니 기분이 무척 좋았어.
도진이는 모든 과목을 두루두루 잘하는 우리 반 1등이야.
선생님은 물론이고 아이들 모두 도진이를 좋아해.
도진이와 나는 이야기를 나누며 실험 도구를 챙겼어.
"너, 〈우당탕탕 실험왕〉 읽어 봤어?"
"만화책 읽으면 엄마한테 혼나."
"그래? 그럼 넌 무슨 책 읽어?"
"〈세계의 위대한 과학 실험〉 거기에 나오는
과학 실험들 정말 재미있어."
우리는 과학 실험 이야기에 시간 가는 줄 몰랐어.

와장창!
도진이가 그만 실험 도구를 떨어뜨리고 말았어.
이야기에 정신이 팔려 진열대를 미처 보지 못했나 봐.
실험 도구는 산산조각 났고, 도진이의 얼굴은 하얗게 질렸어
나는 얼른 바닥에 흩어진 조각들을 줍기 시작했어.
"어머, 이게 무슨 일이니? 영우야! 실험 도구를 옮길 땐
정신을 바짝 차렸어야지."
그때 마침 과학실로 들어오신 선생님께서
다짜고짜 나를 나무라셨어.
나는 우물쭈물 아무 말도 하지 못했어.
"너희 다친 데는 없니?"
선생님의 질문에 도진이는 고개만 푹 숙였어.
'선생님은 왜 무조건 내가 잘못을 했다고 생각하실까?
만약 내가 도진이처럼 공부를 잘했어도 그랬을까?'

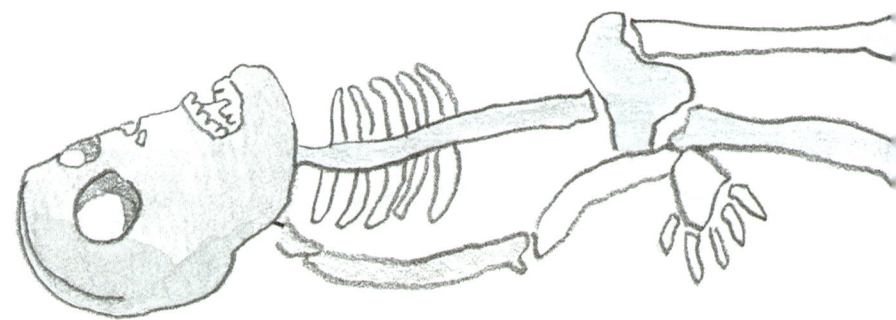

집에 와서도 울적한 기분이 나아지지 않았어.
저녁때 도진이한테 전화가 왔어.
"영우야, 미안해. 나 때문에 너만 혼나고. 내일 선생님께 사실대로 말할 거야. 내가 너무 비겁했어."
우리는 한동안 아무 말도 하지 않았어.
"저기 도진아, 나랑 과학 실험반 들지 않을래?"
"좋아, 네가 많이 가르쳐 줘. 너는 실험도 잘하고, 과학자들의 이야기까지 모르는 게 없잖아."
내가 잘하는 것을 발견하고 그것을 인정해 준 도진이와 왠지 좋은 친구가 될 것 같은 느낌이 들었어.

쟤는 공부를 못하니까 당연히 이것도 못할 거야.
쟤는 1등이니까 뭐든 잘할 거야.
선생님도 친구들도 이렇게 생각하는 것 같아.
학교 성적 때문에 차별당하는 건 정말 속상해.

네 말에 나도 뜨끔했어. 나도 성적으로 친구들을 평가한 적이 많았거든. 잘 보면 우리 주위에는 학교 성적이 나빠도 다양한 분야에서 뛰어난 능력을 발휘하는 사람들이 많아. 우리에게는 저마다의 능력이 있어. 서로 다른 우리의 능력을 펼쳐 나가면 세상은 멋지게 바뀔 수 있을 거야.

 ## 보이는 게 다는 아냐!

'쟤는 먹을 것만 밝히고 게으를 거야.'
우리 반 아이들은 뚱뚱한 서진이의 굼뜬 행동,
느린 말투를 좋아하지 않았어. 아이들은 은근히
서진이를 따돌리고 무시했어.
"너는 잘 뛰지 못하잖아. 괜히 방해만 된다고."
축구를 할 때도, 야구를 할 때도 서진이를 선뜻 자기 팀에
끼워 주지 않았지. 운동뿐만이 아니었어.
모둠별로 과제를 할 때도 서진이를 반기지 않았어.
서진이는 친구들을 괴롭힌 적도 없고, 숙제를 안 해 온 적도 없어.
그런데도 아이들은 서진이에게 싸늘한 눈길을 보냈어.

"다음 주 체육 시간에 3반이랑 축구 시합하기로 했다."
선생님의 말씀에 아이들이 환호성을 질렀어.
그리고 분주히 축구 시합에 나갈 선수들을 뽑았지.
이름이 불리지 못한 서진이는 무척 서운해했어.
"나도 우리 반 선수로 뛰고 싶어."
"축구 시합에 참가할 선수는 벌써 다 뽑혔어."
서진이는 실망한 듯 고개를 떨구었어.
축구 시합 날, 서진이의 얼굴이 활짝 펴졌어.
골키퍼를 맡았던 내가 다리를 다치는 바람에
서진이가 대신 골키퍼를 맡기로 했거든.
"서진이 때문에 우리 반이 질 거야."
아이들은 서진이를 보며 수군거렸어.

드디어 시합이 시작되었어.
나는 유찬이와 함께 응원석에 앉아 목이 터져라 응원했어.

슛!

3반은 몇 번이나 골대를 향해 슛을 시도했어.
3반의 불꽃 같은 공격을 막아 낸 건, 발 빠른 선기도
잘생긴 우진이도 아니었어. 그건 바로 서진이었어.
서진이는 골대를 향해 날아오는 공을 척척 잘도 막아 냈지.

"김서진! 파이팅!"
아이들은 서진이의 이름을 외치며 응원했어.
3반이 날리는 공은 서진이의 몸을 맞고 번번히 튕겨 나갔지.
결국 우리 반은 서진이의 활약으로 1대 0으로 이길 수 있었어.
겉모습에 가려 서진이의 진짜 능력을 보지 못했던 아이들은
서진이를 다시 보게 되었어. 물론 서진이가 너무 무거워
헹가래를 쳐 주지는 못했지만 말이야.

재는 못생겨서 싫어!
너 몸 좀 봐라, 살부터 빼!
실은 나도 뚱뚱한 서진이를 은근히 무시했어.
서진이가 축구를 그렇게 잘할 줄 몰랐어.
아무도 겉모습에 가려진 서진이의
진짜 능력을 보지 못했던 거야.

겉모습만 보고 함부로 친구들을 평가하고,
편 가르면 안 돼. 멋진 겉모습보다 더 멋진 속마음을
가꾸는 사람들을 알아주는 세상, 그런 세상에서는
누구나 당당하게 자신의 능력을 펼칠 수 있을 거야.

서로 다른 우리가 참 좋아!

생각 쪽지를 나누며 우리는 조금 달라진 것 같아.
그렇다고 갑자기 삐리릿 텔레파시가 통하게 된 건 아니야.
하지만 예전보다 서로에 대해 더 많이 알게 되었어.
주위를 둘러봐. 모두 저마다 다른 모습과
생각들을 가지고 살고 있어.

> 난 뚱뚱해도 축구를 굉장히 잘하는 내 친구가 좋아!

> 난 영우 네가 좋아! 과학을 잘하는 네가 좋아!

> 서로 다른 우리가 참 좋아!

세상 사람들이 모두 똑같은 모습에 똑같은 생각,
똑같은 행동을 하며 살아간다면 어떨까?
아마 무지 지루하고 재미없을 거야.
서로의 차이는 존중하고 차별은 없는 세상,
그런 신나는 세상을 함께 꿈꾸는 우리들이 참 좋아!

| 부록 |

차이란 무엇일까?

우리는 모두 달라. 여자, 남자, 키 큰 사람, 키 작은 사람, 피부가 검은 사람, 하얀 사람, 영어를 쓰는 사람, 한국어를 쓰는 사람, 친구들과 어울리는 것을 좋아하는 사람, 조용히 혼자 있는 것을 좋아하는 사람 등등. 사람들은 저마다 서로 다른 모습과 성격을 가지고 있고, 생각도 재능도 모두 달라. 이렇게 너와 나를 구별할 수 있는 특징을 '차이'라고 해.

나는 내 친구와 어떻게 다를까? 서로의 같은 점과 차이점을 한번 적어 볼래?

친구와의 차이를 적어 보았니? 그럼 키가 작은 게 나쁘거나 잘못인 걸까? 절대 아니야. 키는 작을 수도 있고, 클 수도 있어. 그냥 너랑 친구는 다른 거야. 결코 어떤 게 낫거나 모자란 게 아니지.

춤을 좋아하는 사람이 있듯이 책을 좋아하는 사람도 있고, 수학을 잘하는 사람이 있듯이 국어를 잘하는 사람도 있다는 걸 인정하고 존중해 주어야 해.

차별이란 무엇일까?

인종, 문화, 성별, 장애, 학력, 국적, 종교, 생각 등의 '차이'로 다른 사람에게 불이익을 주거나 낮은 대우를 하는 것을 '차별'이라고 해.
만약 내 겉모습이나 문화가 다르다는 이유로 무시를 당하거나 기회를 빼앗긴다면 어떨까? 내가 남들과 다른 생각을 한다는 이유로 미움을 받는다면?

과거에는 인종차별, 남녀차별, 장애인차별 등이 대수롭지 않게 행해졌어. 여자가 공부를 하거나 일자리를 갖는 것도 쉽지 않았지. 장애인들도 마찬가지였어.
세월이 많이 흘렀지만 여전히 많은 사람들이 '차이' 때문에 부당한 '차별'을 당하고 있어. 차별은 사람들 사이를 멀어지게 하고 싸움과 전쟁을 일으키기도 해. 지금 이 순간에도 많은 사람들이 차별 때문에 피해를 입거나 목숨을 잃고 있어.

모두를 위한 평등

사람은 모두 평등해야 해. 누구나 차별 없이 똑같은 기회를 누릴 권리가 있어. 그런데 잠깐! 모두에게 똑같은 잣대를 적용하는 것이 진짜 평등일까?

저(시각장애인)는 앞이 보이지 않아 점자로 된 시험지를 주셔야 해요.

안 돼. 모두 평등해야지. 너도 인쇄된 종이로 된 시험지로 시험을 치르렴.

모두에게 같은 잣대를 적용하는 게 평등한 걸까? 처음부터 조건이 다른데 같은 잣대로 평가하는 건 오히려 불평등한 거야.
몸이 불편하여 휠체어를 타는 장애인에게 비장애인과 똑같이 계단을 이용하게 하는 것은 평등이 아니야. 휠체어도 편히 다닐 수 있게 승강기를 만들어서 모든 사람이 생활하는 데 어려움이 없도록 하는 게 평등이야.
장애인이나 여성, 이주노동자, 탈북자 등은 다른 사람과 똑같은 조건으로는 자신의 능력을 발휘하기 어려워. 학교를 다니기도, 일자리를 얻기도 쉽지 않지. 하지만 이들에게 좀 더 많은 기회를 준다면 어려움을 이겨 내고 능력을 발휘할 수 있을 거야. 진짜 평등은 이런 거야.

차이는 인정하고, 차별은 없애고!

'차이'는 다양한 문화를 만들어 내고, 과학, 의학, 수학, 문학, 철학, 예술 등 다양한 분야의 기술과 학문, 예술을 눈부시게 발전시켰어.
만약 우리가 서로의 차이를 인정하지 않고 나와 다른 사람을 차별한다면 어떻게 될까? 아마 세상은 발전하지 않을 거야. 크고 작은 다툼과 끔찍한 전쟁도 사라지지 않겠지.

가난 때문에 혹은 여자이기 때문에 학교에 다니지 못하는 아이들을 위해 기금을 모으는 사람들, 재난 지역이라면 몸을 사리지 않고 나서는 의료봉사자들, 장애인들의 권리를 위해 함께 싸우는 사람들, 난민들을 위해 구호 활동을 펼치는 자원봉사자들. 지구촌 곳곳에는 차별에 맞서 싸우는 사람들이 아주 많아. 차별받는 사람들을 돕고 차별을 막을 법과 제도를 만들어 가는 이들의 노력 덕분에 많은 사람들이 웃음을 되찾고 있어.

스콜라 꼬마지식인 15
서로 다른 우리가 좋아

초판 1쇄 발행 2015년 10월 15일 **초판 11쇄 발행** 2024년 12월 1일

글 김경화 **그림** 권송이
펴낸이 최순영

교양 학습 팀장 김솔미
키즈 디자인 팀장 이수현 **디자인** 오세라

펴낸곳 ㈜위즈덤하우스 **출판등록** 2000년 5월 23일 제13-1071호
주소 서울특별시 마포구 양화로 19 합정오피스빌딩 17층
전화 02) 2179-5600
홈페이지 www.wisdomhouse.co.kr **전자우편** kids@wisdomhouse.co.kr

ⓒ 김경화·권송이, 2015
ISBN 978-89-6247-648-4 74330

* 이 책의 전부 또는 일부 내용을 재사용하려면 반드시 사전에 저작권자와
  ㈜위즈덤하우스의 동의를 받아야 합니다.
* 인쇄·제작 및 유통상의 파본 도서는 구입하신 서점에서 바꿔드립니다.
* 책값은 뒤표지에 있습니다.
* 이 책의 사용 연령은 8~13세입니다.